MÉMOIRE

POUR

les Avocats du Barreau de Paris

SUR

L'ARRÊT DE COMPÉTENCE

DU 5 DÉCEMBRE 1833,

RENDU

DANS LE PROCÈS DE M. PARQUIN,

Bâtonnier.

PARIS,

ÉVERAT, IMPRIMEUR, RUE DU CADRAN, N° 16.

—

1834.

MÉMOIRE

POUR LES AVOCATS DU BARREAU DE PARIS,

SUR

L'ARRÊT DE COMPÉTENCE

DU 5 DÉCEMBRE 1833,

RENDU

DANS LE PROCÈS DE M. PARQUIN,

BATONNIER.

ÉVERAT, Imprimeur, rue du Cadran, n° 16.

MÉMOIRE

POUR LES AVOCATS DU BARREAU DE PARIS,

SUR

L'ARRÊT DE COMPÉTENCE

DU 5 DÉCEMBRE 1833,

RENDU

DANS LE PROCÈS DE M. PARQUIN,

BATONNIER.

Des débats judiciaires se sont élevés à l'occasion d'un discours de rentrée prononcé, le 20 novembre dernier, à la conférence des avocats stagiaires, par M. Parquin, bâtonnier des avocats du barreau de Paris. M. le procureur-général a regardé certaines expressions comme offensantes pour la magistrature. Il aurait pu les déférer au conseil de discipline, et si la décision du conseil qui n'avait reçu aucune communication du discours, lui eût paru manquer d'impartialité ou de justice, il aurait eu le droit de s'adresser à la Cour royale pour en obtenir la réformation.

Mais au lieu de suivre cette marche, adoptée jusqu'à ce jour par ses prédécesseurs, et même par lui dans tous les cas semblables, il a cité directement M. Parquin devant la Cour, qui, par un arrêt contradictoire du 5 décembre, s'est déclarée compétente, et, par un autre arrêt du même jour, rendu par défaut, a prononcé la peine disciplinaire de l'avertissement. Une question toute personnelle s'est transformée ainsi en une question générale. Il ne faut plus examiner si M. Parquin a offensé ou non la magistrature. La difficulté est de savoir si les Cours royales exercent un pouvoir disciplinaire direct et immédiat sur tous les avocats de leur ressort; si elles peuvent les appeler devant elles, les réprimander, les suspendre, les interdire, et cela sans règle, sans contrôle, à huis clos, et, pour ainsi dire, à leur gré. Or, cette question, envisagée dans toutes ses conséquences, n'intéresse pas seulement le barreau de Paris et les divers barreaux du royaume; elle intéresse les justiciables, les accusés, et touche à un de nos droits les plus précieux, à la liberté de la défense.

Il ne s'agit pas de donner à la profession d'avocat une importance exagérée. Elle a, comme toute autre, ses avantages et ses inconvéniens. Par leurs travaux et par l'exercice de la parole, les avocats acquièrent une aptitude toute spéciale pour la défense des droits privés; ils sont l'organe habituel, l'organe presque nécessaire de toutes les plaintes. On croirait que ces luttes vives et passionnées, quelquefois même blessantes, qui constituent leur état et

leur vie , les irritent et les séparent. On oublie que
leurs occupations, que leur état les rassemblent.
Comme ils connaissent les entraînemens de la parole, ils savent se pardonner de légères blessures.
Une confraternité réelle s'établit entre eux. Aussi de-
mandez à ceux qui ont vieilli dans la carrière ! Cette
amitié vraie que l'on s'accorde, ces égards que l'on
reçoit, cette estime dont on s'honore constituent
un des plus grands charmes de la profession du
barreau.

Par suite de cette habitude de se voir et de s'es-
timer, les avocats , long-temps avant la révolution ,
avaient formé une espèce d'association. Chaque an-
née on dressait l'état de ses membres ; cet état rece-
vait la dénomination de Tableau des Avocats. Ceux
qui venaient à démériter du public et de leurs con-
frères étaient exclus de la société, et conséquemment
du tableau. Les jeunes avocats n'y étaient admis qu'a-
près un temps d'épreuve, appelé Stage : on leur ap-
prenait à se dévouer à leurs cliens, à ne point faire
de traité pour la défense, à plaider pour le malheur
et la pauvreté sans autre récompense que celle de les
avoir secourus. Pour surveiller les stagiaires et pour
juger les anciens avocats, il y avait un conseil, dont
le président, devenu chef de l'ordre, prenait le titre
de *Bâtonnier*.

Ainsi était institué cet ordre qui a fourni tant
d'hommes marquans à la France. Son organisation
était purement volontaire ; point de contrainte,
point de loi ; si ce n'est la puissance d'un usage

ancien et respecté. « Les avocats ne sont liés entre
» eux, écrivait d'Aguesseau (1), que par l'exercice
» d'un même ministère. Ce sont plusieurs sujets qui
» se destinent également à la défense des plaideurs,
» plutôt que des membres d'un seul corps. Si l'on
» prend ce terme dans la signification la plus exacte, le
» nom de profession ou d'ordre est celui qui ex-
» prime le mieux la condition ou l'état des avocats;
» et s'il y a une espèce de discipline établie entre eux
» pour l'honneur et la réputation de cet ordre, elle
» n'est que l'effet d'une convention volontaire, plu-
» tôt que l'ouvrage de l'autorité publique. »

La première loi où il soit parlé de la profession
d'avocat est celle du 22 ventose an xii (13 mars
1804), sur les écoles de Droit. La révolution avait
détruit cette organisation volontaire dont parle d'A-
guesseau; l'empire s'empressa de la reprendre, mais
pour en changer le caractère et la nature. La loi de
1804, art. 29, rétablit l'usage du tableau des avocats,
qui avait été abandonné; elle ajoute, art. 38, qu'il
sera pourvu, *par un réglement d'administration publique, à la formation du tableau des avocats, et à
la discipline du barreau.*

A cette époque, les tribunaux avaient déjà été
réorganisés, mais ils n'avaient pas encore cette vi-
gueur d'institution qui leur était réservée. On
voyait le chef de l'état chercher à s'emparer lente-

---

(1) Tom. X des Œuvres complètes, p. 407, édition de 1777.

ment de leur action. Il avait fait jeter, comme au hasard, à la fin du *Code de Procédure*, une disposition réservant à l'autorité supérieure le droit de régler la police et la discipline des tribunaux par des décrets ; et sous le prétexte de régler, en effet, cette police et cette discipline, un décret du 30 mars 1808, dont nous aurons à parler plus tard, s'était attaché surtout à augmenter la force du pouvoir. Mais en 1810, l'œuvre apparut tout entière. Alors furent établies les cours impériales, institutions puissantes, ennoblies par la gloire et l'éclat de l'empire, qui réunissaient sous une même direction et dans un même esprit la justice civile et la justice criminelle jusqu'à ce moment séparées, et dont l'énergie, résultait tant de nos nouvelles lois sur l'instruction criminelle, que de la supériorité d'influence et d'action accordée aux premiers présidens comme aux procureurs-généraux. A cette même époque, la censure fut établie, non-seulement sur la presse périodique, mais sur tous les écrits, sans aucune distinction des plus insignifians comme des plus graves (1).

Un gouvernement qui veut être despotique s'occupe d'abord de la répression des actes : il commande l'obéissance en inspirant la crainte. Ensuite il va plus loin ; il assujétit la presse et la parole qui, en signalant ses fautes, signaleraient les mécontens-

---

(1) Le décret sur l'établissement de la censure est du 5 février 1810 ; la loi sur l'organisation des cours impériales, du 20 avril.

temens. Le commandement militaire, l'action administrative, et l'action judiciaire concouraient à la
répression, sous l'empire, avec une unité et une énergie jusqu'alors sans exemple. Le gouvernement s'é-
tait emparé de la presse par la censure. Restait le
barreau, qui, dans les temps de liberté, a peu d'influence sur les esprits, qui, dans les temps d'op-
pression, grandit et devient puissance. Qu'on lise,
qu'on étudie l'histoire; c'est dans le barreau que se
réfugie la pensée expulsée de la presse par le pouvoir.
Là du moins elle trouve à se produire. Au milieu
du silence universel, la moindre parole de l'avocat
paraît haute et hardie; elle frappe, elle étonne, on ac-
court pour l'entendre; on la retient, on la com-
mente, et mille répètent, parce qu'un seul a osé parler.

Le barreau, resté libre, eût été dans le système impérial comme est dans une chambre close un défaut,
une fente par où la lumière peut s'introduire. Mais
la loi de 1804 avait annoncé un réglement sur la formation du tableau des avocats, et sur la discipline du
barreau; le réglement parut en forme de décret le 14
décembre 1810. Il parut le même jour que le décret
sur le traitement et sur l'établissement définitif des
censeurs impériaux; preuve que le pouvoir faisait
marcher de front la censure de la presse et celle de
la parole.

On s'était rappelé ce pouvoir disciplinaire établi
et exercé par les avocats entre eux avant la révolution.
Il était alors purement d'intérieur et de moralité; on
lui donna un caractère politique. Il devint interdit

aux avocats de *rien dire ou publier de contraire aux principes de la monarchie, aux institutions de l'empire, aux lois, aux réglemens, aux autorités établies, à la sûreté de l'état et à la paix publique* (1). A cela près, il leur devenait permis d'*exercer librement leur ministère pour la défense de la justice et de la vérité* (2). Des peines furent établies contre les contrevenans; elles étaient graduées d'après les circonstances, et s'étendaient depuis un simple avertissement jusqu'à la radiation définitive du tableau. A la vérité, l'application en était confiée à un conseil de discipline composé exclusivement d'avocats, mais en premier ressort seulement; le droit de statuer sur l'appel était réservé aux cours. Le décret porte d'ailleurs, dans son préambule, cette phrase, où l'on peut reconnaître tout son esprit : « *Il convient d'assurer à la magistruture la surveillance qui doit naturellement lui appartenir sur une profession qui a de si intimes rapports avec elle.* » Enfin, dans la crainte sans doute qu'il n'échappât quelque contravention à la tolérance de la magistrature, l'art. 40 du décret réservait au ministre de la justice le droit de réprimander, de suspendre ou interdire, à lui seul et de sa seule volonté, un avocat.

Il était difficile d'imaginer un corps de dispositions mieux combiné pour assujétir le barreau. Chaque avocat, menacé sans cesse dans son état, devenait son

---

(1) Art. 14 et 39 du décret.
(2) Art. 37.

propre censeur. Un coin était cependant resté inaperçu pour la liberté. La nomination des membres du conseil de discipline et du bâtonnier (1) appartenait au procureur-général, mais sur une liste double de candidats présentée par le corps entier. L'élection pénétrait ainsi indirectement dans le choix des membres du conseil.

En 1822, le barreau de Paris, mécontent de ne voir jamais appeler au conseil de discipline, certains noms qui avaient cependant quelque éclat , arrangea la double liste de candidats, de manière à forcer le procureur-général de choisir précisément plusieurs de ceux qu'il voulait exclure.

On tenait alors, comme on tient encore aujourd'hui, à la prétendue maxime, que l'autorité ne doit jamais céder. Qu'avait-on à s'occuper de la liste de présentation ? L'organisation du barreau avait été faite par un décret ; ne pouvait-on pas la changer par une ordonnance ! Le 22 novembre, en effet, parut une ordonnance qui changeait la composition des conseils de discipline : le principe d'élection en était totalement exclu : le principe d'ancienneté fut admis ; et néanmoins, comme on le redoutait encore, on se réserva les moyens de s'en écarter quand on le jugerait convenable.

Il ne fallait pas cependant exciter trop de mécontentement dans les barreaux du royaume. On leur ôtait le droit de présentation ; on leur rendit du

---

(1) Le décret rétablit cette ancienne dénomination.

moins un peu d'indépendance. Le décret de 1810 fut abrogé. L'ordonnance se garda bien de changer le caractère politique du pouvoir disciplinaire; au contraire, elle chargea spécialement les conseils de discipline *de maintenir les sentimens de fidélité à la monarchie et aux institutions constitutionnelles* (1). Sous le nouveau, comme sous le précédent régime, l'avocat ne doit *rien dire ni publier contre le roi, la charte, la religion, la monarchie, les institutions, les lois, les réglemens, les bonnes mœurs, la sûreté de l'état, la paix publique, les tribunaux, les autorités établies* (2); les mêmes peines, ou à peu près, sont instituées contre les contrevenans. L'ordonnance conserva aussi au ministère public, comme aux avocats inculpés, le droit d'appeler devant les cours des décisions des conseils; mais, d'un autre côté, elle retira au ministre de la justice le pouvoir de prononcer de son plein gré une peine contre un avocat; mais en même temps elle annonça l'intention évidente de restreindre l'action de la magistrature sur le barreau. Nous aurons à le prouver plus tard.

Depuis cette ordonnance en est intervenue une autre du 27 août 1830, qui a rendu aux avocats le droit d'élire directement les membres de leurs conseils de discipline; est intervenue aussi la Charte nouvelle qui a rétabli la liberté de la presse et aboli la censure.

---

(1) Art. 14.
(2) Art. 14, 38 et 45.

Sur tout le surplus, l'ordonnance de 1822 reste encore le code du barreau.

La Charte, l'ordonnance du 27 août 1830 et celle du 20 novembre 1822, tels sont donc les actes où les avocats doivent puiser maintenant la règle de leurs droits et de leurs devoirs. C'est dans cet état que se présente la question, posée au commencement de ce mémoire, de savoir si le ministère public peut citer un avocat directement devant la Cour, ou s'il ne peut saisir la Cour que par voie d'appel, et doit commencer par traduire devant le conseil de discipline l'avocat inculpé. L'arrêt du 5 décembre 1833 a prononcé en faveur de la juridiction directe; mais il est maintenant soumis à la Cour de cassation; et les soussignés, membres du conseil de discipline du barreau de Paris, qui ont décidé que M. Parquin déclinerait la juridiction de la Cour royale, qui ont décidé plus tard qu'il se pourvoirait contre l'arrêt du 5 décembre, croient devoir exposer les motifs de leur opinion. Ils n'ont pas, et n'ont jamais eu encore à s'occuper du fond de la plainte portée contre M. Parquin par le procureur-général.

Au premier aperçu, on serait porté à trouver à la contestation peu d'importance. Que la Cour royale, en effet, prononce directement et comme juge unique, ou qu'elle prononce seulement sur appel et après un premier jugement, c'est toujours à elle qu'appartient la décision définitive. Cependant il faut distinguer. Dans les affaires purement privées, il y a peu d'intérêt à ce que la répression vienne d'un conseil de discipline ou de la magistrature ; mais il en est tout autrement s'il s'agit d'une plainte ayant un motif politique. On peut s'en référer à de récens exemples. Alors l'intervention d'un conseil devient indispensable. Le conseil blâme, punit, s'il y a lieu ; mais dans le cas opposé, il défend et protége. Sa décision peut être attaquée, mais elle couvre de son influence morale l'avocat poursuivi ; elle le justifie en quelque sorte aux yeux de ses pairs.

Qu'on n'aille pas reprocher à ces observations une espèce de défiance contre la magistrature ! S'il y a des tribunaux de première instance, c'est pour que la cause élaborée par eux arrive plus nette et plus simple en appel. Pourquoi les avocats n'auraient-ils pas aussi leurs tribunaux de première instance ? Un ministre parlant il y a quelque temps à la tribune, disait que les habitudes de la magistrature *lui donnent toujours une certaine pente à la répression, une certaine inclination pour le pouvoir* (1), et c'est pour préserver les citoyens en matière politique des effets de cette *certaine pente à la répression,* de cette *certaine inclination pour le pouvoir,* que le jury a été créé. Or, pour les avocats, le conseil de discipline, c'est le jury, avec cette différence qu'il n'est pas souverain, comme celui qui juge les autres citoyens.

On ne connaît pas assez la position du barreau. Beaucoup de personnes s'effraient de l'indépen-

---

(1) Discours de M. de Broglie, Ministre de l'instruction publique, devant la Chambre des pairs, séance du 13 septembre 1830, *Moniteur* du 15.

dance de l'avocat. Qu'elles lisent le rapport sur lequel l'ordonnance de 1822 a été rendue : « Cette » profession, y est-il dit, a des prérogatives dont » les esprits timides s'étonnent, mais dont l'expé- » rience a depuis long-temps fait sentir la néces- » sité..... Sans le privilége qu'ont les avocats de » discuter avec liberté les décisions mêmes que la » justice prononce, ses erreurs se perpétueraient, se » multiplieraient, ne seraient jamais réparées, ou » plutôt un vain simulacre prendrait la place de cette » autorité bienfaisante, qui n'a d'autre appui que la » raison et la vérité. » A ces considérations tirées de l'administration de la justice civile, nous en ajouterons une autre puisée dans l'administration de la justice criminelle. Aux époques de troubles, l'indépendance de l'avocat devient une garantie pour tous les citoyens. La révolution, dans ses plus terribles écarts, ne put s'en débarrasser qu'en confiant la défense des accusés *à des jurés patriotes*.

S'il est, en effet, une liberté dans laquelle se résument toutes les autres, c'est celle de la défense. Sans elle que deviendrait la liberté de la presse ? que deviendrait l'institution du jury ? dans la rigueur de l'expression, le barreau lutte, combat sans cesse pour toutes les libertés ; et cependant il n'en a aucune pour lui-même ; il est en dehors du droit commun et régi par de simples ordonnances que le pouvoir peut changer ou aggraver à son bon plaisir.

Les délits de l'avocat, soit qu'ils résultent de sa parole, ou se trouvent dans un écrit, sont de la même nature que ceux de la presse; ils tiennent à la manifestation de la pensée. Mais qu'un écrivain soit poursuivi, l'accusation cite les passages incriminés, et caractérise le délit; elle laisse au prévenu un temps nécessaire pour préparer sa justification, il paraît devant le jury, assisté d'un défenseur, et la décision du jury est souveraine. Ainsi la loi a assuré des garanties aux écrivains contre le pouvoir, comme elle a assuré des garanties à la société contre les écrivains. Quant aux avocats, il n'y a point pour eux de garantie, il n'en existe que contre eux. Qu'un avocat en plaidant commette un délit caractérisé, croit-on qu'on dressera contre lui un acte d'accusation, qu'on lui laissera le temps de préparer sa défense, et qu'il paraîtra devant le jury? non; le ministère public prend la parole, l'avocat dit ou fait dire quelques mots pour lui, et le tribunal prononce. Ce n'est point tout; il y a pour les avocats une législation pénale toute particulière, établie non par loi, mais par ordonnance.

Un écrivain ne peut être poursuivi que pour des délits bien spécifiés par la loi; c'est une provocation, une attaque, un outrage, une diffamation, une offense. Pour les avocats, il en faut beaucoup moins; il suffit qu'ils aient écrit ou parlé, *contre* les institutions, *contre* les lois, *contre* la monarchie; il suffit même, dans certains cas et vis-à-vis de certaines autorités, d'un simple manque de respect. Or, on le demande, quel est le discours, quel est l'écrit judiciaire où le génie de l'interprétation ne saura pas trouver, par exemple, un manque de respect pour la magistrature, ou un mot contre la monarchie?

Dira-t-on que, pour les faits de cette dernière espèce, l'avocat n'est soumis qu'à des peines disciplinaires? Croit-on qu'elle est légère, la peine qui enlève à un homme son état et sa vie? Regardez cet avocat jeune encore, et qui, appliqué au barreau depuis plusieurs années, n'en connaît néanmoins que les contrariétés et les labeurs ! Ses jours se sont consumés dans le travail ; sa famille l'a soutenu de ses privations, ou même de ses sacrifices. Et pour un mouvement, peut-être de générosité, peut-être aussi d'imprudence, il verra s'échapper devant lui son avenir et ses espérances ! Qu'on ne s'y trompe pas, en effet ; il n'y a point de peine légère au barreau ; un avocat interdit pour un temps est, par le fait, rayé pour toujours.

Les avocats n'ont pour eux qu'une seule protection, c'est celle de leurs pairs réunis en conseil de discipline, protection faible et contestée puisqu'elle n'agit que dans certains cas, et en premier ressort. C'est cependant ce dernier secours qu'on veut leur arracher pour les faire juger exclusivement par la magistrature, et tout à la fois en premier, en dernier ressort et à huis-clos. On concevra maintenant leur résistance.

S'il n'y avait à consulter que l'ordonnance de 1822, le sort de l'arrêt du 5 décembre serait bientôt décidé. Il est évident, d'après l'ordonnance, que dans l'espèce dont il était question, M. le procureur-général ne pouvait porter son action directement devant la Cour. Quels ont donc été ses motifs pour adopter la marche qu'il a suivie? Quels ont été ceux de la Cour pour l'accueillir ?

M. le procureur-général est allé rechercher ce décret du 30 mars 1808 dont nous avons parlé plus haut; il y a trouvé un article 103 où il est dit que « les mesures de discipline à prendre sur les plaintes » des particuliers, ou sur les réquisitoires du mi- » nistère public, pour cause de faits qui ne se se- » raient point passés ou qui n'auraient pas été dé- » couverts à l'audience, seront arrêtées en assemblée » générale à la chambre du conseil, après avoir » appelé l'individu inculpé. » Cette disposition est devenue tout le fondement du système de M. le procureur-général; il a prétendu qu'elle était ap- plicable au barreau ; qu'elle n'avait été abrogée ni implicitement, ni explicitement par l'ordonnance du 20 novembre, et qu'elle autorisait la Cour, réunie en assemblée générale, en la chambre du conseil, à prononcer disciplinairement contre un avocat pour un fait passé hors l'audience.

Mais il a fallu d'abord soutenir que le décret de 1808 était applicable au barreau. Or, le pouvoir disciplinaire n'a été établi qu'en 1810, par le dé- cret du 14 décembre.

Comment donc le décret de 1808 aurait-il pu donner aux tribunaux le droit d'agir en vertu d'un pouvoir qui n'existait pas encore? Comment leur aurait-il conféré le droit de prononcer contre un avocat des mesures de discipline qui n'ont été établies que deux ans plus tard ?

A la vérité la loi du 13 mars 1804, sur les Écoles de droit, avait déjà ordonné la formation du tableau ; mais il faut se rappeler que pendant la révolution et avant l'empire, les avocats n'étaient pas même assujétis à un serment. Pour être admis à plaider devant un tribunal, il suffisait de se présenter. C'est cet état de choses que l'empire a changé, d'abord par la formation du tableau en 1804, ensuite par l'établissement de peines disciplinaires en 1810. Or en 1808, dans le temps intermédiaire, si le réglement de 1810 avait été promis par la loi de 1804, il n'avait pas encore été rendu ; s'il y avait déjà un tableau des avocats, il n'y avait pas encore de mesures de discipline organisées contre les avocats ; dès lors il ne pouvait être question d'une juridiction pour les appliquer.

Aussi le décret du 30 mars 1808 n'a-t-il pas été fait pour le barreau. Il a été rendu en exécution de l'art. 1042 du Code de procédure civile, et a pour objet spécial, comme son titre l'indique, de régler *la police et la discipline des cours et tribunaux*. Qu'on le lise : on verra qu'il s'occupe du rang des juges entre eux, de la tenue des audiences, de la distribution des causes, des chambres de vacations, du ministère public, des greffiers et des huissiers. Sur les avocats, pas un mot ; il n'en est parlé, du moins, qu'une seule fois dans l'art. 105, pour leur prescrire de porter le costume établi.

Et l'art. 103 aurait eu pour objet d'établir sur eux une juridiction disciplinaire exercée par les tribunaux ! Mais qu'on le rapproche donc de celui qui le précède ! Dans l'art. 102 (1), le décret s'occupe textuellement des *officiers ministériels*. Il établit contre eux, en cas de contraventions aux lois, des peines parmi lesquelles il s'en trouve, comme la condamnation de dépens, et la destitution, qui ne peuvent s'appliquer en effet qu'à des officiers ministériels.

Les peines créées, il fallait une juridiction pour

---

(1) Voici les deux articles :

Art. 102. « Les officiers ministériels qui seront en contravention aux lois et réglemens, pourront, suivant la gravité des circonstances, être punis par des injonctions d'être plus exacts ou circonspects, par des défenses de récidiver, par des condamnations de dépens en leur nom personnel, par des suspensions à temps. L'impression et même l'affiche du jugement à leurs frais pourront aussi être ordonnées, *et leur destitution pourra être provoquée s'il y a lieu.* »

Art. 103. « Dans les cours et les tribunaux de 1ʳᵉ instance, chaque chambre connaîtra des fautes de discipline qui auraient été commises ou découvertes à son audience.

» Les mesures de discipline à prendre sur les plaintes des particuliers ou sur les réquisitoires du ministère public, pour cause de faits qui ne se seraient point passés, ou qui n'auraient pas été découverts à l'audience, seront arrêtées en assemblée générale, à la chambre du conseil, après avoir appelé l'individu inculpé. Ces mesures ne seront point sujettes à l'appel, ni au recours en cassation, sauf le cas où la suspension serait l'effet d'une condamnation prononcée en jugement.

» Notre procureur-général impérial rendra compte de tous les actes de discipline à notre grand-juge, ministre de la justice, en lui transmettant les arrêtés, avec ses observations, *afin* qu'il puisse être statué sur les réclamations, *ou que la destitution soit prononcée, s'il y a lieu.* »

Nota. Les articles qui suivent ou qui précèdent ces deux articles n'ont aucun rapport à la même matière.

les appliquer. L'art. 103 établit cette juridiction ; il décide que les mesures de discipline pourront être arrêtées par le tribunal, en chambre du conseil. Mais cesse-t-il de s'occuper des officiers ministériels ? Non sans doute, et ce qui le prouve, c'est que, dans son dernier paragraphe, on retrouve mentionnée cette peine de destitution qui n'est applicable qu'à des officiers ministériels.

Qu'on étudie, qu'on analyse, qu'on pèse chacun des termes du décret de 1808 ; plus on examinera, plus on sera convaincu qu'il n'a pas été fait pour le barreau. La Cour de Cassation a cependant jugé le contraire ; elle a jugé par deux arrêts, l'un du 27 avril 1820, l'autre du 20 février 1823, non-seulement que l'art. 103 du décret de 1808 avait pu être appliqué aux avocats dès son origine, mais qu'il leur était resté applicable, même sous l'empire du décret du 14 décembre 1810 (1).

La question lui serait soumise de nouveau que le barreau tout entier attendrait sa décision avec confiance. Il sait avec quelle sagesse, avec quelle impartialité elle procède. Elle ne cherche pas à perpétuer une erreur, mais à consacrer la vérité.

---

(1) Il serait facile d'établir que les deux arrêts n'ont pas jugé la question d'une manière bien précise : dans l'un il s'agissait de l'art. 23 de la loi du 19 mai 1819, et dans l'autre de l'application de ce grand principe, qui tient au droit de la défense, que l'opposition à un arrêt par défaut doit toujours être permise. Le décret n'a figuré dans les motifs de la cour que d'une manière presque accessoire. L'arrêt de 1823 a été présenté devant la Cour royale, par M. le procureur-général, comme ayant jugé la question sous l'empire de l'ordonnance de 1822. C'est une erreur démentie par le texte même de l'arrêt.

Admettons cependant que les deux arrêts aient eu raison. L'arrêt du 5 décembre ne serait pas justifié, car il a jugé que le décret de 1808 est applicable au barreau, même actuellement, même depuis l'ordonnance de 1822. Or, cette ordonnance, qui a textuellement abrogé le décret de 1810, n'a-t-elle pas, en même temps et dans tous les cas, abrogé implicitement l'art. 103 du décret de 1808? Telle est la question nouvelle à examiner, et sur laquelle la Cour de Cassation a prononcé tout différemment que sur la première.

Le décret de 1810 avait fait une part si large au pouvoir qu'il y avait peu d'intérêt à l'empêcher de s'agrandir encore. La magistrature avait un droit de surveillance directe sur le barreau, et un avocat pouvait être interdit administrativement. La protection du conseil de discipline était donc nulle ; il était du moins facile de l'éluder.

Mais l'ordonnance est partie de principes tout différens. Elle a supprimé d'abord l'action administrative. On voit, en outre, dans le rapport du garde-des-sceaux sur lequel elle a été rendue, que son intention est d'assurer au barreau *une organisation intérieure qui l'affranchisse du joug inutile d'une surveillance directe et habituelle.* Enfin elle porte dans son préambule ce motif remarquable : *voulant rendre aux avocats exerçant dans nos tribunaux, la plénitude du droit de discipline qui, sous les rois nos prédécesseurs, élevait au plus haut degré l'honneur de cette profession, et perpétuait dans son sein l'invariable tradition de ses prérogatives et de ses devoirs.*

L'ordonnance a *voulu* rendre aux avocats la *plénitude de leur droit de discipline !* mais elle a donc voulu l'ôter aux autorités qui, auparavant, en étaient investies. Ici l'intention écrite est évidente. Il ne s'agit plus que de savoir si les dispositions y répondent.

Les faits disciplinaires à reprocher à un avocat se divisent en deux classes; les uns se passent à l'audience, les autres hors l'audience. Un avocat peut en outre se rendre coupable de crimes ou de délits comme tout autre citoyen.

L'ordonnance commence par poser la règle dans son article 15 : « Les conseils de discipline répri- » ment d'office, où sur les plaintes qui leur sont » adressées, les infractions et les fautes commises » par les avocats inscrits au tableau. » Si elle était restée dans ces termes généraux, on aurait pu croire qu'elle conférait aux conseils le droit de connaître de tous les faits disciplinaires, même de ceux d'audience. Elle ne le voulait cependant, ni ne le pouvait. La compétence des tribunaux sur les faits d'audience est établie par plusieurs dispositions de nos codes, et par l'art. 23 de la loi du 17 mai 1819 ; aussi l'ordonnance ajoute-t-elle, art. 16 : « *Il n'est » point dérogé,* par les dispositions qui précèdent, » au droit qu'ont les tribunaux de réprimer les fau- » tes commises à leur audience par les avocats. » Et comme si elle avait voulu qu'il ne restât aucun doute

sur ses intentions, elle dit encore, art. 17 : « L'exer-
» cice du droit de discipline ne met point obstacle
» aux poursuites que le ministère public ou la par-
» tie civile se croiraient fondés à intenter dans les
» tribunaux, pour la répression des actes qui consti-
» tueraient des délits ou des crimes. »

Voilà bien les trois espèces d'actes dont un avocat peut se rendre coupable. S'agit-il d'un crime ou
d'un délit? l'art. 17 prononce. S'agit-il d'un fait
d'audience? l'art. 16 s'en est occupé. Mais les faits
qui ne sont pas d'audience, c'est donc l'art. 15 qui
les règle : autrement à quoi servirait-il? Il les règle,
et remarquez comment : c'est en les réservant aux
conseils. Et leur en fait-il la réserve d'une manière
exclusive et absolue? Étudiez la loi. L'art. 15 est
général : *Les conseils répriment les fautes et infractions*. Dans cette disposition si large vont se
trouver compris même les faits d'audience, car
enfin ce sont aussi des fautes, des infractions. Que fait
donc l'ordonnance ? Elle dit sur-le-champ, art. 16,
quant aux faits d'audience, *il n'est point dérogé* au
droit des tribunaux.

Il n'est point dérogé au droit des tribunaux sur
les faits d'audience! mais il y est donc dérogé pour
tous les autres; mais pour ces derniers, la compétence des conseils, en premier ressort du moins, est
donc exclusive et absolue. Cela est si vrai, suivez.
L'ordonnance parle aussi des Cours royales. Serait-
ce par hasard pour décider qu'elles peuvent connaître directement d'un fait disciplinaire ? Nullement ;

l'ordonnance n'y pense pas. Elle ouvre la voie de l'appel contre les décisions des conseils, et elle dit, art. 29 : « Les Cours statueront *sur l'appel* en assem- » blée générale et dans la chambre du conseil. » Ainsi c'est seulement comme juges d'appel que les Cours reçoivent juridiction ; ainsi l'art. 27 se trouve en parfaite harmonie avec l'art. 15. Celui-ci établit le tribunal de premier ressort ; l'art. 27, le tribunal de second degré.

Cherchez, avec cette organisation, à appliquer l'art. 103 du décret de 1808. Voilà un fait disci- plinaire qui s'est passé hors l'audience. La Cour royale en veut connaître directement. Mais, d'a- près l'art. 15, c'est le conseil de discipline qui doit prononcer en premier ressort ; mais, d'après l'art. 27, la Cour ne peut statuer que sur appel. Il faut rejeter les prétentions de la Cour, ou détruire les deux articles. L'ordonnance a évidemment modi- fié le droit antérieur en trois points essentiels : 1° elle a détruit cette surveillance immédiate et directe ac- cordée à la magistrature et à l'administration par le décret de 1810 ; 2° elle a assuré aux avocats le bénéfice de ce grand principe du droit commun qui accorde à chaque citoyen un double degré de juridiction ; 3° elle a confié l'exercice du premier degré de juri- diction aux conseils de discipline.

On fait une objection. L'ordonnance porte textuel- lement, art. 45 : *Le décret du 14 décembre 1810 est abrogé.* Elle ne parle pas du décret de 1808, et l'on veut en conclure qu'elle l'a conservé.

Mais l'ordonnance ne devait-elle pas se contenter d'abroger le décret spécial , le décret dont elle abolissait tout le régime? Sur 106 articles, le décret de 1808 n'en contient qu'un seul, l'art. 103, qui, à tort ou à raison, puisse être invoqué contre le barreau. Avait-elle besoin de mentionner textuellement cet article? Ne sait-on pas que l'abrogation des lois est expresse ou tacite, et que la seconde est aussi forte que la première? Il résulte de ces termes de l'art. 16 , *il n'est point dérogé*, que par l'art. 15 il est *dérogé* à toute disposition contraire, et conséquemment même au décret. On trouve encore dans l'art. 20 une autre preuve de l'abrogation formelle. Posons l'espèce. On voit beaucoup de siéges de première instance, où il n'y a point de conseil de discipline, parce qu'il n'y a pas assez d'avocats; il y a cependant un bâtonnier, et c'est le tribunal qui remplit alors les fonctions de conseil. Quand une plainte est portée, qu'arrive-t-il? d'après l'article 20 de l'ordonnance, le tribunal ne peut prononcer aucune peine de discipline sans avoir pris l'avis écrit du bâtonnier. Il faut remarquer les termes de l'article; ils sont prohibitifs (1). L'ordonnance déroge donc au décret, car le décret n'exige pas l'avis du bâtonnier pour une condamnation disciplinaire.

Comment d'ailleurs voudrait-on concilier l'exécution de l'art. 103 du décret avec celle de l'or-

---

(1) Voici l'article : « Dans les siéges où les fonctions du Conseil de disci-
» pline seront exercées par le tribunal, *aucune peine de discipline ne pourra*
» *être prononcée* qu'après avoir pris l'avis écrit du bâtonnier. »

donnance? Quoi! pour une même nature de faits, il y aurait deux espèces de juridiction, l'une de la Cour seule, l'autre du conseil et de la Cour! ainsi le conseil, en vertu de son droit, pourrait appeler un avocat devant lui, et la Cour, pour le même fait, pourrait l'appeler en même temps devant elle? Il faudrait recourir à des réglemens de juge, sinon l'avocat pourrait être ici absous et là condamné !

On parle du parallélisme des deux juridictions ! Est-il possible? En voit-on dans notre législation un seul exemple? On trouvera, concourant pour un même fait, une juridiction générale et une juridiction exceptionnelle! Mais deux juridictions générales en concours, comme celles qu'établissent l'art. 15 de l'ordonnance et l'art. 103 du décret ! il y aurait désordre. Ces deux dispositions ne peuvent coexister, pas plus que les deux juridictions qu'elles ont successivement établies. La juridiction de la Cour absorberait celle du conseil. Or, celle du conseil n'aurait pas été créée, si elle avait dû rester sans action.

L'arrêt du 5 décembre pose en principe que *les cours et tribunaux ont sur tous ceux qui concourent dans l'ordre de leurs attributions à l'administration de la justice, un droit de surveillance et de répression par voie de discipline ;* il ajoute que *cette juridiction directe trouve son application naturelle lorsqu'un avocat est inculpé d'avoir manqué au respect qu'il doit à la Cour.*

Que la Cour juge sa dignité intéresée à se venger

elle-même de ses offenses, soit : personne n'a rien à dire; sa conduite lui appartient. Mais ce principe général qui lui attribue un droit de surveillance et de répression par voie de discipline sur le barreau, où l'a-t-elle puisé? Serait-ce dans le décret de 1808? nous venons de le discuter; dans le décret de 1810? il est abrogé; dans l'ordonnance de 1822? elle a *voulu* rendre aux avocats *la plénitude de leur droit de discipline*, et les a *affranchis du joug inutile d'une surveillance directe et habituelle*. Elle n'a conservé de droit de répression que par voie d'appel.

La Cour a voulu assigner une position identique aux avocats et *à tous ceux qui concourent avec elle, dans l'ordre de leurs attributions, à l'administration de la justice*. Il ne s'agit ici ni de supériorité, ni d'infériorité; les avocats n'aspirent à mettre leur profession au-dessus d'aucune autre. Il est pourtant des professions qui, recevant du pouvoir le droit d'imprimer un caractère obligatoire à leurs actes, sont par-là même soumises à une certaine surveillance de la part du pouvoir. Dans ces professions, il y a un titre qui se vend et s'achète et le nombre des titulaires est fixé.

Mais l'avocat, que reçoit-il du pouvoir? On l'oblige de faire, en certains lieux et à grands frais, des études qu'il pourrait faire ailleurs tout aussi bien. On l'assujétit ensuite à un serment. Et que lui donne-t-on en échange? un privilége, disent quelques-uns; singulier privilége, qui n'exige que des études et un serment! Aussi, voyez de toutes parts la quantité des noms inscrits sur les tableaux. Mais l'avocat est admis à plaider! y pense-t-on, et le pouvoir pourrait-il regarder comme une concession le droit de plaidoirie? Dans tous les discours, dans tous les écrits, on parle, et avec raison, de la sainteté de la justice; on vante la force qu'elle donne aux empires. La justice serait-elle rendue, si on jugeait les accusés sans les entendre? Et qu'est-ce donc que l'avocat, si ce n'est la voix, si ce n'est la parole de l'accusé? Le ministère d'un avocat ne peut pas plus être interdit à un plaideur, qu'il ne peut être interdit à un malade d'appeler un médecin. C'est entre les professions, comme celles d'avocat et de médecin, c'est entre les états libres, qu'il y a analogie. Là chacun ne doit rien qu'à soi-même, chacun est enfant de ses œuvres. Si l'état d'avocat se distingue des autres, c'est par une circonstance qui lui devient fatale, c'est parce que l'exercice de la parole le rattache au grand principe de la publicité. Sous un régime de despotisme et de censure, que les avocats soient assujétis à la surveillance des tribunaux, on le conçoit; la magistrature fait pour eux fonctions de censeurs. Mais qu'ils restent en interdit, quand s'est ouvert un régime de liberté, on ne le conçoit plus. On regrette alors ces anciens temps, où il y avait entre eux une association libre, soumise aux seules lois de la probité et de l'honneur.

Suivant l'arrêt du 5 décembre, le ministère public peut provoquer par deux voies différentes l'action du pouvoir disciplinaire. Tantôt il lui *défère* des plaintes privées, tantôt il poursuit directement et *requiert* l'application des peines.

Quand il s'adresse à un conseil de discipline, dit l'arrêt, il ne fait que *déférer ;* il ne peut *requérir ,* parce que le conseil n'est pas tenu de prononcer ; mais quand il se constitue partie, quand il veut provoquer une répression, il *requiert,* et il adresse son réquisitoire à la Cour, parce que la Cour est tenue de statuer.

Un conseil de discipline n'est pas tenu de prononcer sur une plainte qui lui est *déférée* par le ministère public, non plus sans doute que sur toute autre : voilà ce que dit l'arrêt du 5 décembre, et il le dit pour en conclure que le ministère public ne pouvant pas être arrêté dans ses poursuites par *l'inertie* d'un conseil , a le droit de citation directe devant la Cour.

Le principe serait vrai que la conséquence serait fausse: Supposons en effet que les conseils de discipline eussent ce droit *d'inertie* dont parle l'arrêt. Ce serait sans doute un inconvénient, et il faudrait y remédier par une mesure législative; mais les Cours de justice ne font pas les lois; elles les appliquent. L'inconvénient d'ailleurs, outre qu'il ne s'est jamais manifesté, ne serait pas si grave qu'il menaçât la société d'un désordre; il ne s'agit pas de crimes ou de délits, mais de simples faits disciplinaires, et encore de faits disciplinaires passés hors l'audience.

Aussi cette théorie de l'arrêt, fondée sur deux

mots , *déférer* et *requérir* , déguise-t-elle un tout
autre but que celui qui est annoncé. Quand il s'agira
d'affaires minimes , de plaintes individuelles , M. le
procureur - général les *déférera* au conseil ; mais
qu'un écrit , qu'une opinion politique offense les
membres du parquet , c'est devant la Cour que
l'avocat sera traduit ; et la Cour prononcera seule ,
à huis-clos , sur assignation d'un jour à l'autre , ou
même d'heure à heure , car rien n'empêche d'aller
jusque-là (1).

Ainsi, d'une part, les tribunaux sont investis par
les lois du droit de prononcer sur les faits d'audience ; de l'autre, l'arrêt du 5 décembre leur recon-
naît juridiction sur les actes étrangers à l'audience.
C'est la vie tout entière des avocats qui leur est li-
vrée. Un avocat ne répondra plus seulement devant
le pouvoir disciplinaire de ce qu'il dira ou écrira
comme avocat ; mais qu'il parle ou écrive comme
citoyen , qu'il porte la parole dans une cérémonie ,
qu'il publie une brochure sur un grand événement,
ou que, livré à de hautes méditations, il écrive sur
les diverses théories qui se partagent le monde, le
pouvoir disciplinaire aura le droit d'étudier chaque
ligne ou chaque mot pour voir s'il n'y a rien *contre*
la religion ou la monarchie , rien *contre* les autorités

---

(1) L'ordonnance du 20 novembre exige, art. 19, qu'on laisse un délai de
huitaine à l'avocat inculpé. M. le procureur-général a cité M. Parquin à deux
jours , et aurait pu le citer aussi bien la veille pour le lendemain ou le jour
même de l'audience.

ou les lois : c'est le décret de 1810 qui est renouvelé,
avec cette seule différence que le droit arbitraire de
suspension ou d'interdiction a été transporté du ministère de la justice à la magistrature.

Heureusement la Cour de Cassation n'a pas encore
prononcé. Gardienne des juridictions et chargée de
maintenir l'harmonie des pouvoirs, c'est à elle qu'il
appartient de réprimer les usurpations. Elle connaît
de toutes les questions d'attributions et de compétence, et dans l'espèce, le barreau peut déjà invo-
quer son autorité. Nous ne pouvons mieux terminer
cette discussion, qu'en rapportant un arrêt qu'elle
a rendu.

Un avocat de Bellac avait été cité devant le tribunal de première instance, chambre du Conseil, pour
fait de postulation; il déclina la compétence, et de-
manda son renvoi devant le conseil de discipline.
Jugement qui rejette le déclinatoire, et, sur l'appel,
confirmation par arrêt de la Cour de Limoges du
23 août 1824, fondé, dit l'arrêtiste, « sur ce que
» le décret de 1808 s'applique généralement *à tous*
» *les individus quelconques ;* qu'il n'excepte pas les
» avocats ; qu'ainsi toutes les poursuites dictées par
» le décret et les peines qu'il prononce atteignent les
» avocats aussi bien que tous autres individus. »

C'était absolument la thèse de la Cour Royale
de Paris.

Pourvoi devant la Cour de Cassation, et sur ce
pourvoi, arrêt du 28 décembre 1825, dont voici la
teneur :

« Attendu que l'ordonnance royale du 20 novem-
» bre 1822 a prescrit des règles particulières aux-
» quelles sont soumis tous les membres de l'ordre
» des avocats qui commettent des infractions et des
» fautes graves contre l'honneur et les devoirs de
» leur profession : que le préambule de cette ordon-
» nance énonce formellement que sa Majesté *a voulu*
» *rendre aux avocats exerçant dans les tribunaux, la*
» *plénitude du droit de discipline*, qui , sous les an-
» ciens rois , élevait au plus haut degré l'honneur
» de cette profession , et perpétuait dans son sein
» l'invariable tradition de ses prérogatives et de ses
» devoirs ;

» Que les conseils de discipline établis par cette
» ordonnance sont investis du droit de réprimer, ou
» d'office, ou sur les plaintes qui leur sont adres-
» sées , les infractions ou les fautes commises par les
» avocats (art. 15);

» *Que l'exercice de ce droit n'est limité que dans*
» *le cas où l'avocat commet une faute à l'audience ;*
» auquel cas le tribunal a le droit de la réprimer
» immédiatement (art 16 et 43), ou lorsqu'il y a lieu
» de poursuivre l'avocat pour la répression d'actes
» qui constitueraient des délits ou des crimes (ar-
» ticle 17);

» Que, *dans les autres cas* , les conseils de disci-
» pline ont un droit de surveillance et d'examen sur
» la conduite des membres de l'ordre ; que dès lors
» *ils doivent connaître* des contraventions reprochée

» à un avocat, relativement à l'exercice de sa pro-
» fession....

» Que l'art. 25 de la même ordonnance donnant
» aux procureurs-généraux *le droit d'appeler* des
» décisions rendues par les Conseils de discipline,
» il est *par là suffisamment pourvu aux moyens de*
» *faire réprimer par les tribunaux les infracttons et*
» *les fautes graves commises par les avoeats , à l'é-*
» *gard desquels les Conseils de discipline n'auraient*
» *pas employé toutes les mesures que le cas exigeait ;*
» *ce qui présente toutes les garanties convenables à*
» *l'intérét public et à l'honneur de la profession ;...*

» Qu'il suit de là qu'en rejetant le déclinatoire pro-
» posé par M⁰ M***, avocat à Bellac, et sa demande
» en renvoi devant le Conseil de discipline de son
» ordre, la Cour royale de Limoges a violé les ar-
» ticles 12, 15, 20 et 25 de l'ordonnance du 20 no-
» vembre 1822, et a faussement appliqué l'art. 17
» de cette même ordonnance;

» Par ces motifs, casse, etc. (1). »

On remarquera sans doute une chose étrange : les
avocats luttent pour conserver quelque reste de liberté que la Restauration leur avait rendue! Quoi !
de dix ans jusqu'à trente, ils pâlissent sur les livres et
dans l'étude, consommant le patrimoine paternel et
donnant au travail un temps que d'autres livrent à
leurs plaisirs ; arrivés à un âge où la plupart des

---

(1) Sirey, 1826, t. I. p. 97. — Dalloz, 1826, p. 62.

hommes ont assuré leur avenir, ils n'ont rien encore et voient poindre à peine devant eux une réputation douteuse ; et lorsque enfin , à force de constance et d'efforts, s'ouvre à leurs yeux une carrière riche à la fois de considération et d'espérances , un arrêt viendra, pour une opinion , pour un mot peut-être, la clore devant eux et les refouler dans une autre vie ! Ils ne reçoivent cependant aucun bienfait du pouvoir! Tout ce qu'ils lui demandent, c'est de les oublier.

Certes il ne s'agirait que d'eux et de leur état, ils auraient le droit de se plaindre. Eh bien ! ce n'est pas même pour eux que leur voix s'élève, c'est dans l'intérêt des accusés et de la défense.

Il n'existe pas dans la société un être faible et sans protection, poursuivi par une passion puissante et déguisée ; il n'est pas un droit méconnu, pas une liberté violée, qui n'appelle à son secours un avocat et pour qui un avocat ne se présente, prêt, s'il le faut, à se dévouer pour un intérêt qui n'est pas le sien.

Dans cette vie, toute de combats et de passions, soit qu'il affronte l'opinion publique ou s'attaque au pouvoir, soit qu'il lutte contre la magistrature, la redresse et la contienne dans la légalité ; croit-on qu'il n'a rien à craindre pour lui-même ? qu'il n'a pas besoin de garantie ? que nul ne cherchera à lui enlever cette puissance de la parole dont il fait souvent un si redoutable usage ?

Loin de lui de réclamer le privilége de la licence

et de l'injure ! loin de lui la pensée de se constituer perpétuellement en guerre avec les magistrats ! Au contraire, il règne, il doit régner habituellement entre la magistrature et le barreau un échange de respects et d'égards. Cependant quelquefois des contestations s'engagent ; elles s'engagent dans les affaires privées aussi bien que dans les affaires politiques, dans les affaires du plus mince intérêt aussi bien que dans les plus graves. La lutte s'établit impérieuse, exigeante de la part du magistrat ; et de la part de l'avocat souvent polie sans être moins vive, souvent aussi ardente et passionnée. A l'audience, l'avocat est protégé en partie par la publicité ; mais que deviendra-t-il si les rancunes de l'audience peuvent se venger à huis-clos sur sa vie privée !

Il ne faut pas s'y tromper, si un tel régime pouvait s'établir, on verrait l'avocat, sans abandonner la défense, y mettre de la tiédeur ; il ne compromettrait pas son client, mais il craindrait de se compromettre lui-même ; sans mentir à son patronage, il n'en développerait pas toutes les ressources. A côté de l'intérêt, à côté de la cause du client, il y aurait pour lui un autre intérêt, une autre cause ; ce serait l'intérêt, ce serait la cause de sa famille et de sa fortune. Quelques-uns de ces caractères élevés qui ne transigent jamais avec leurs devoirs feraient exception ; mais ils seraient l'exception : et non-seulement on ne chercherait pas à les imiter, mais on les blâmerait de leurs sacrifices. Car tels sont les hommes : ils ont tant besoin de s'élever à leurs propres yeux, qu'ils rabaissent par un blâme ceux dont ils n'osent suivre les exemples.

En frappant l'avocat dans son indépendance, l'arrêt du 5 décembre a frappé la défense dans sa liberté.

Les membres du Conseil de discipline du Barreau de Paris ,

PARQUIN, bâtonnier; ARCHAMBAULT, GAIRAL, THÉVENIN, MAUGUIN, anciens bâtonniers, COUTURE, COLMET D'AAGE, LAMY, CAUBERT, HENNEQUIN, GAUDRY, MOLLOT, LAVAUX fils, PH. DUPIN, D.-B. LEROY, DELANGLE, MARIE, CHAIX-D'EST-ANGE, DUVERGIER, CROUSSE, PAILLET.

Février 1834.

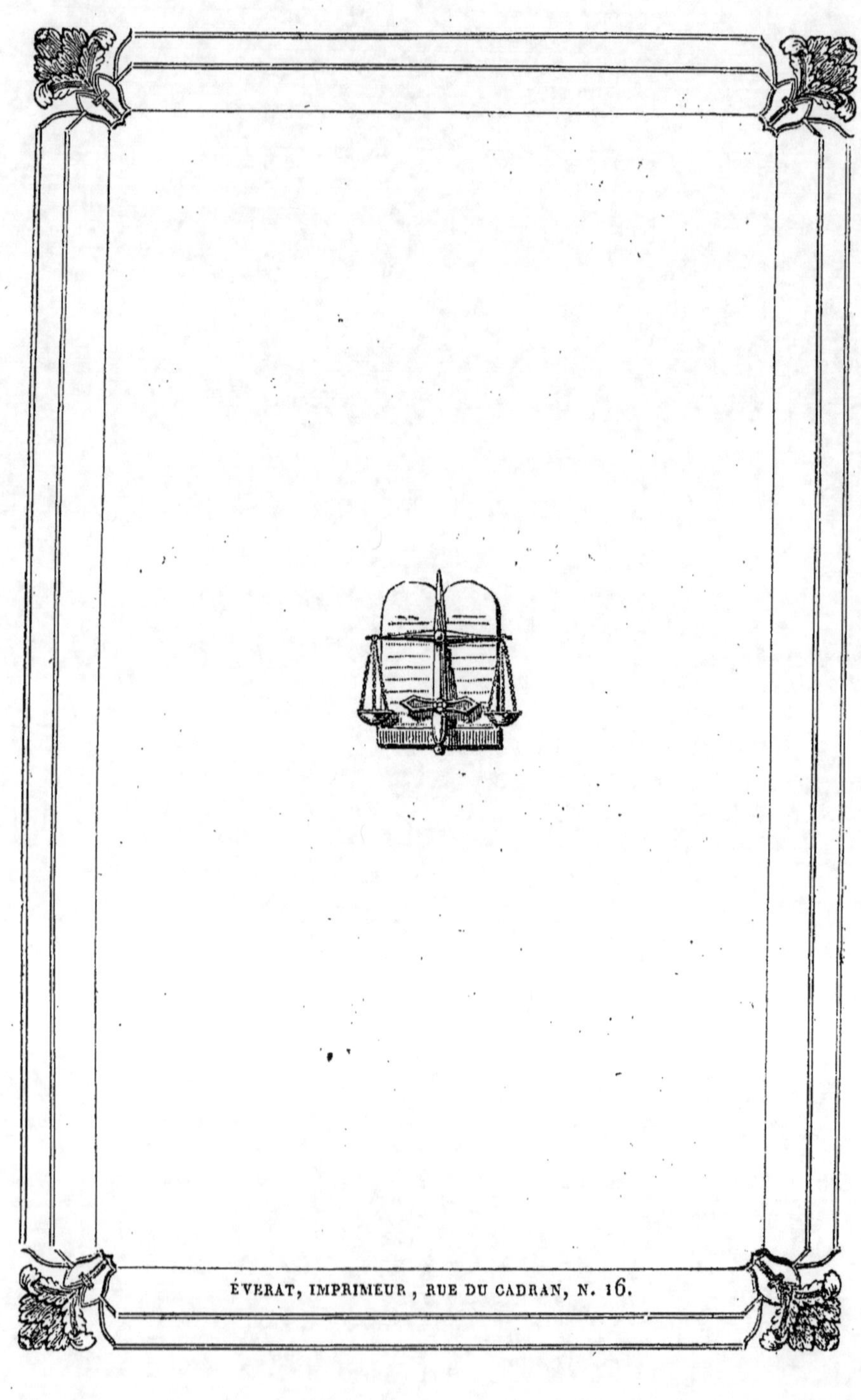

ÉVERAT, IMPRIMEUR, RUE DU CADRAN, N. 16.